DISCOURS

PRONONCÉ

PAR Mgr L'ARCHEVEQUE DE REIMS

LE 25 AOUT 1869

APRÈS LE SERVICE CÉLÉBRÉ AU PETIT SÉMINAIRE D'AUTUN

pour

LE REPOS DE L'AME DE M. L'ABBÉ FARGES.

REIMS,

P. DUBOIS ET Cie, IMPRIMEURS DE SON EXC. Mgr L'ARCHEVÊQUE

(V. GEOFFROY, GÉRANT.)

DISCOURS

PRONONCÉ

PAR Mgr L'ARCHEVEQUE DE REIMS

LE 25 AOUT 1869

APRÈS LE SERVICE CÉLÉBRÉ AU PETIT SÉMINAIRE D'AUTUN, POUR LE
REPOS DE L'AME DE M. L'ABBÉ FARGES.

> *Credita sibi officia diligenter observant.*
>
> Il est des hommes qui accomplissent avec une scrupuleuse exactitude la mission qu'on leur a confiée (1).

MONSEIGNEUR,

MES TRÈS CHERS FRÈRES,

Il y a bientôt vingt-huit ans, sous l'administration intelligente et dévouée du vénérable M. Juillet, la chaire de réthorique du petit Séminaire d'Autun était vacante par le départ de celui qui est devenu depuis une des gloires illustres de l'Eglise d'Autun, Son Eminence le savant cardinal Pitra. Mgr d'Héricourt, cet évêque dont le zèle, la distinction et les grandes vertus ont laissé un souvenir toujours vivant dans le

(1) Esther, XVI, 5.

diocèse, avait jeté les yeux sur un jeune vicaire de Mâcon pour remplacer celui qu'une vocation plus parfaite venait de nous enlever (1). Nous eûmes à combattre de vives résistances, fondées sur des raisons de modestie et sur l'attrait que présentaient les fonctions du saint ministère. Après de longs et pacifiques débats, notre ami fut vaincu, et je vois encore l'endroit du petit chemin qui du cimetière de la ville conduit au village de Couard, je vois la place où, dans une promenade égayée par une amicale conversation, l'excellent abbé Farges se rendit gracieusement à mes instances (2) et accepta la difficile mission qu'il devait si parfaitement remplir. Le successeur de Mgr d'Héricourt, ce digne prélat auquel nous sommes heureux de payer en ce moment le tribut de notre affectueuse reconnaissance, Mgr de Marguerye, si zélé pour le bien de son diocèse et si dévoué à son petit Séminaire, sut comprendre bien vite la perle qu'il possédait, et prodigua toujours à notre bien-aimé professeur les marques de son estime, de sa confiance et de son amitié.

Je laisse à d'autres le soin de décrire les détails de cette vie toute sacrifiée à l'idée du devoir, de faire connaître la noblesse de cette intelligence d'élite, de ce caractère si bon et si expansif, et même de raconter les douces et charmantes originalités de cette nature d'or. Je laisse à d'autres le soin de dire ses vertus sacerdotales, et la profondeur de son dévouement à l'Eglise et à son Chef auguste, dévouement d'autant plus sincère, qu'il avait pour maxime et pour règle cette parole de l'Evangile, *noli tuba canere ante te* (3). D'ailleurs notre cher défunt a parlé et écrit sur ce sujet de manière à satisfaire amplement tous les esprits non prévenus ; mais il est des hommes qui ont le parti pris de ne lire et de n'entendre que ce qui va à leurs passions injustes et cal-

(1) M. l'abbé Pitra venait d'entrer à l'abbaye de Solesmes.

(2) Il nous écrivait, le 21 juin 1858 :

« Il y a dix-sept ans que bon gré mal gré vous m'avez installé ici.... Me voilà vieux professeur : mes tempes grisonnent ; mais quand je pense à vous, et Dieu sait si j'y pense souvent, je me sens toujours jeune pour vous aimer bien chaudement. « Au cœur il n'y a pas de rides, » a dit un de nos poëtes, et ce jour là il a dit vrai ; j'en fais la douce expérience. »

(3) Math. vi, 2.

culées. Ces hommes ont toujours existé dans l'Eglise ; saint Chryso-
stome les caractérisait ainsi, et, depuis cette époque, ils n'ont pas chan-
gé : « Ils paraissent défendre les causes les plus saintes, mais dans la
réalité ils ne suivent que le mouvement de leurs passions privées (1),
*multi, dum Deum vindicare videntur, suis privatis indulgent
passionibus* (2). » Je croirais faire injure à notre ami si j'essayais
même de le disculper. Du reste, il est des choses dont les âmes honnêtes
ont fait justice, et le sentiment public me dispense d'y répondre.

Aujourd'hui, je voudrais seulement déposer avec vous quelques paroles affectueuses, quelques larmes du souvenir le plus tendrement
dévoué sur la tombe de celui que nous pleurons tous, et dont le petit
Séminaire portera longtemps le deuil. Et comme il convient que nous
emportions de cette réunion de famille au moins une pensée édifiante,
je m'arrêterai à cette réflexion : M. Farges a été, comme professeur,
l'homme du dévouement, et c'est cette vertu du dévouement sincère à ses
devoirs qu'il nous prêche du fond de sa tombe : *defunctus adhuc loquitur* (3).

Cette vie est pour tous un combat, c'est une lutte de tous les ins-
tants. L'existence est un acte de continuel dévouement, d'abgnégation, de
sacrifice : l'homme doit se renoncer lui-même pour se donner aux autres ;
et, chose merveilleuse ! c'est dans ce renoncement accompli d'une manière divine qu'il retrouve la vraie vie. Mais pour notre pauvre nature,
qui a toujours la tentation de se rechercher elle-même jusque dans les
actes de vertus, ce qu'il y a de plus difficile, ce qui est vraiment
héroïque, c'est le dévouement obscur, caché, silencieux, *cum silentio
operantes* (4) ; c'est la vie qui s'use à petit feu dans une position dont
l'œil vulgaire n'apprécie pas toujours assez le mérite. A notre époque,
où l'on parle d'une façon si bruyante de dévouement à la chose publique,
à la cause du peuple, où sont donc la véritable abgnégation, le véri-

(1) Hom. 29, *in Mathœum*, t. 7, p. 345, éd. Bén.
(2) Οἰκεῖα πληροῦσι πάθη.
(3) Heb. xi, 4.
(4) Thess. iii, 12.

table esprit de sacrifice? Les hommes se dévouent en paroles, en programmes, en phrases pompeuses ; mais combien de fois ce dévouement en paroles ne se traduit-il pas, dans les faits, par le culte des intérêts privés et les calculs d'une ambition habile à se déguiser sous de trompeuses apparences ? Ou bien encore l'on recherche les dévouements pleins d'éclat et de gloire extérieure, et l'on oublie la pratique de ces dévouements profonds et tranquilles, silencieux et féconds, comme tout ce qui est vrai et sincère.

Combien sont différentes les pensées que nous inspire la religion ! Le dévouement évangélique est une œuvre effective ; fille de l'intelligence et du cœur, elle embrasse l'être tout entier et l'immole, loin du bruit, sur l'autel du devoir. Comme tout ce qui est divin, elle est fondée sur la vérité : elle donne peu de paroles, car, dit l'Ecriture, l'abondance de paroles est souvent une preuve de la pénurie du fond : *ubi verba sunt plurima, ibi frequenter egestas* (1) ; elle donne peu de paroles, mais la plus riche éloquence est la multiplicité féconde des actes. L'âme évangélique n'aime pas à sonner de la trompette : *noli tuba canere ante te* (2) ; si un éclat est nécessaire à l'expansion du bien, elle l'accepte comme instrument, mais elle n'y met ni son espoir ni sa confiance ; elle s'en sert pour la gloire de Dieu, et son intention, dit saint Grégoire, reste toujours dans le secret.

C'est là, M. T. C. F., une vérité première dans l'ordre évangélique, vérité qui se trouve en parfait accord avec les données de la saine raison et de l'expérience. En général, c'est toujours ce qui est silencieux et caché qui soutient les grandes choses ; partout, dans l'ordre physique et moral, les racines vivent dans les régions souterraines, et cependant ce sont les racines qui partout nourrissent la fleur dans son gracieux épanouissement et prodiguent les sources de la vie à l'arbre fécond, à ses rameaux chargés de fruits abondants. L'esprit du monde a d'autres maximes : avant tout, il faut briller et paraître ; avant tout, il faut faire parler de soi et faire retentir tous les échos de la renommée, et ce n'est pas une des moindres

(1) **Prov.** xiv, 23.
(2) **Math.** vi, 2.

raisons pour lesquelles les œuvres du monde sont souvent vides aux regards de Dieu et aussi des personnes sérieuses. « Notre sacrifice au Christ, dit saint Ambroise, et l'oblation de notre vie doivent s'accomplir, non pas dans les œuvres apparentes, mais dans le secret des choses cachées : *non in his quæ videntur, sed in occultis et in abscondito* (1). »

Le simple exposé de ces principes n'est-il pas le plus beau panégyrique de notre cher défunt, et en même temps la plus complète glorification de la vie de professeur ? et sous ce nom de professeur je comprends aussi les fonctions plus élevées, car ceux qui dirigent ne professent-ils pas dans toute leur vie le dévouement et l'abnégation la plus méritoire ? N'est-ce pas un dévouement héroïque que cette vie du professeur qui se consacre tout entière à une position obscure, à la monotonie d'une existence pleine de privations et de sacrifices? Sans doute il y a pour le bon prêtre des joies et des dédommagements ; car Dieu promet à ses amis le centuple même en ce monde : le bonheur du devoir accompli, la satisfaction intime d'une vertu si belle que Dieu s'en est réservé la récompense, et toutes les joies profondes et cachées de l'âme humble et heureuse dans son obscurité. Mais pour comprendre et goûter ces joies, il faut avoir l'âme évangélique, il faut traverser les amertumes imposées à la faiblesse humaine, il faut vivre sur ces sommets de la foi chrétienne où les choses changent de nom et presque de nature, où ce qui était amer devient doux, où ce qui était héroïque devient une heureuse habitude, et il n'en est pas moins vrai qu'en elle-même cette vie est un sacrifice, une immolation. Que dis-je ? c'est un martyre, et cette vie, autant et peut-être plus que toute autre, mérite qu'on lui applique spécialement cette parole de saint Jérôme : « Ce n'est pas seulement l'effusion du sang qui est un martyre ; le sacrifice d'une âme dévouée est un martyre quotidien, *sed devotæ quoque mentis servitus, quotidianum martyrium est* (2). »

Cher et excellent supérieur, qui depuis de si longues années faites fleurir ce bel établissement par votre douce et intelligente paternité et votre

(1) *In Psal.*, 118 *Serm.*, 20, n° 55. T. **2**, p. 1501.
(2) Cité par Bonavent. *Pharet*, liv. IV, c. 49, t. 7, éd. Venise.

dévouement à toute épreuve, et vous, ses bien-aimés et zélés confrères, quand même votre modestie devrait s'en effrayer, je tenais, au souvenir dé celui que nous pleurons tous, à rendre aussi justice à votre généreux dévouement, je tenais à vous dire tout ce qu'il y a de glorieux dans votre vie humble et cachée, tout ce qu'il y a de méritoire aux yeux du Seigneur et de son Église. Ces sueurs que vous versez dans l'ombre, ces sueurs de l'âme qui arrosent vos travaux quotidiens, ce sont les sueurs du martyre, *devotæ quoque mentis servitus quotidianum martyrii m est*. Ces ennuis, ces fatigues, d'une vie toujours la même, de ces longues heures d'une existence monotone, se répétant comme le son de l'horloge toujours mobile et toujours invariable, c'est le sang de votre âme qui coule ; mais ce sang d'un martyre occulte, il devient aussi, pour rappeler une magnifique parole de Tertullien, il devient la semence des chrétiens, la semence des prêtres, *semen est sanguis christianorum* (1). Les séminaires ne sont-ils pas en effet, selon l'étymologie du mot, la pépinière où l'on sème l'avenir des chrétiens, l'avenir dés bons prêtres ?

En ce moment, ma pensée et mon cœur s'élargissent pour embrasser toutes ces générations des prêtres éclairés et dévoués qui, depuis l'origine, ont fondé, ont soutenu le petit Séminaire, et l'ont conduit successivement à un état de florissante prospérité. Plusieurs d'entre eux sont ici, je crois ; ils m'entendent, ils me comprennent, et, avec cette supériorité de cœur qui ne s'abaisse jamais en rendant justice au vrai mérite, et qui ne s'arrête pas à de vulgaires pensées, ils sont les premiers à s'associer à cette grande manifestation. Ils sentent qu'ils ont leur part de gloire et de reconnaissance en cette fête de famille, et qu'en célébrant le dévouement de celui qui est mort au champ de l'honneur, après 27 ans de campagnes non interrompues, nous célébrons les dévouements de tous ceux qui, après avoir consacré dans cette maison une partie de leur existence à l'éducation de la jeunesse, sont allés exercer leur zèle sur un théâtre plus vaste, et portent avec dignité le poids d'une belle vieillesse. Eux aussi ont leur monument : il est dans notre cœur ; c'est le monument de notre amour et de notre reconnaissance. — Ainsi, tout en conservant son cachet individuel, dont les

(1) *Apolog.* A la fin.

hommes sérieux comprennent les motifs spéciaux, cette fête a une portée plus haute que nous cherchons à mettre en relief en glorifiant, à l'occasion de la mort de M. Farges, le dévouement de tout le corps professoral. A ce point de vue, qui est celui de la vérité, disparaissent toutes les mesquines susceptibilités qui seraient en quête de prétextes pour découvrir dans la fête de ce jour la diminution de tout un passé glorieux, auquel nous tenons, au contraire, à rendre un sincère et affectueux hommage.

Mais je vous dois aussi une parole et un remercîment à vous, mes chers enfants, qui êtes venus apporter le tribut de vos regrets et de vos larmes à cette cérémonie qui vous intéresse d'une manière toute spéciale. A vous, qui ne savez pas encore les douleurs de la vie, il est bon et utile de faire connaître ces importantes vérités. Souvent, à votre âge, on s'imagine volontiers que la direction de la jeunesse et que la vie du professeur n'ont guère que des charmes et des agréments. Il est bon et utile que vous puissiez au moins entrevoir la réalité, afin de mieux apprécier les choses, de rendre la tâche plus facile et plus douce par votre affectueuse obéissance; car l'affection est une huile de joie qui donne de la souplesse et de la suavité aux mouvements et aux ressorts de la vie. Sur la tombe de celui qui vous a tant aimés, répétez cette parole de l'Evangile : « La plus grande marque d'amour est de donner sa vie pour ses amis (1). » Cette vie de l'intelligence et du cœur qui surabondait en lui, il l'a versée tous les jours; pendant 27 ans cette vie généreuse a coulé, et la dernière goutte s'en est allée avec le dernier battement de ce cœur qui palpitait encore pour vous.

Je ne puis oublier ces nobles enfants du petit Séminaire, qui ont été élevés sous ces beaux ombrages de la nature, de la science et de l'affection, et qui aujourd'hui font l'honneur de la religion dans le monde. Ils sont nombreux, et ce n'est pas une des moindres gloires de cette maison d'avoir répandu partout la semence des apôtres et la semence des bons chrétiens. Ils auraient manqué à cette fête, et je les remercie d'avoir tenu à s'y faire représenter, afin que tous les souvenirs de la reconnaissance et de la piété filiale formassent comme une couronne de regrets que nous aimons à déposer en ce moment sur la tombe de notre ami.

(1) Joan., xv, 13.

Et vous aussi, vénérables prêtres, qui avez bien voulu honorer cette réunion de votre présence, et qui teniez à rendre un dernier hommage à celui qu'un grand nombre d'entre vous pleurent comme un père et un ami ; vous aussi vous avez une vie qui est un martyre quotidien. Dans les fonctions peut-être obscures du saint ministère, dans la solitude des campagnes, vous vivez inconnus du monde, semblables à ces mineurs qui travaillent dans les galeries souterraines. Votre vie semble une mort aux yeux des hommes privés du sens religieux : *visi sunt oculis insipientium mori* (1). C'est une mort, en effet, mais cette mort continuelle est glorieuse et pleine de vie ; c'est un martyre qui mérite les palmes de l'immortalité : *spes illorum immortalitate plena est.* Ah ! n'enviez point les positions plus brillantes, même dans le sacerdoce. Ceux qui sont obligés de les subir ont souvent un martyre secret plus douloureux que le vôtre ; ils peuvent avoir un grand mérite devant Dieu, mais leur vie est plus difficile encore et plus environnée de dangers. Ministres du Seigneur, quels que soient votre rang et votre position, que vous occupiez ce que les hommes appellent les premières ou les dernières places, j'aime, en vous contemplant avec la joie de l'affection, j'aime à répéter une parole de saint Ambroise, en vous l'appliquant : « Combien ce beau diocèse renferme de martyrs secrets qui tous les jours versent le sang de leur âme pour le nom du Christ : *Quanti ergo quotidie in occulto martyres Christi sunt, et Jesun. Dominum confitentur* (2) !

C'est ce beau et sublime exemple du martyre quotidien que vous nous avez donné, ô cher et tendre ami, vous que je suis heureux, tristement heureux de saluer en ce moment. — Je remercie la Providence de m'avoir confié une double tâche : la première, il y a 28 ans, était de contribuer par ma parole et mon affection à vous établir comme une des pierres fondamentales de cette maison, dont vous avez fait en grande partie la joie et la gloire. Je devrais peut-être parler ici de tout le bonheur et de toute la consolation que vous m'avez donnés pendant les huit années de mon supériorat ; mais il est des souvenirs de cœur qu'il vaut mieux laisser simplement entrevoir, sans les expliquer ni les taire entièrement. Le second

_____

(1) Sap., III, 2-4.
(2) *In Ps.*, 118. *Serm.*, 20 n° 48, t. 2, p. 1490.

devoir qui m'était réservé, est de verser une dernière larme et une dernière parole sur votre tombe. J'avoue que, quelque triste que soit pour moi cet honneur, mon cœur y tenait par dessus tout, et j'ai accepté avec empressement l'invitation que m'a ménagée une pensée délicate et affectueuse. Je vous devais ce dernier témoignage de mes sentiments ; je le devais à votre tendre et si constante affection pour moi, affection que rien n'a pu ébranler, que rien n'a pu diminuer, ni le temps qui ronge tout, ni la distance, ni ces circonstances délicates où les jugements des hommes sont si variables et si incertains. Toujours vous avez été pour moi l'ami fidèle et sûr, dont l'œil perspicace comprend et devine, parce qu'il connaît et qu'il aime. — Je le devais au Séminaire d'Autun, dont la pensée me sera toujours si chère, et dont je partage tous les succès et toutes les douleurs ; je le devais peut-être à nos enfants et à nos amis communs. Je le devais aux pères et aux mères de toutes les générations que vous avez élevées. Ils ont témoigné par leur douleur, au jour de vos funérailles, que votre mort était comme un deuil public ; ils témoignent tous les jours, par leurs regrets mélangés de tendre affection et de reconnaissance, que vous étiez devenu, par votre paternité spirituelle, comme un membre de leurs familles. —Ce m'est donc une douce joie, joie voilée par la tristesse d'un profond regret, ce m'est une joie toute de cœur de redire encore en cette vénérable assemblée, que votre mémoire sera impérissable dans cette maison, que les sueurs de votre vie ont été et sont encore une semence féconde, et que vos enfants célèbrent partout dans le diocèse votre zèle, votre intelligence, votre dévouement, vos vertus sacerdotales et la bonté de votre cœur si paternel.

Mieux que personne, vous avez connu ce martyre quotidien que saint Jérôme appelle la servitude de l'âme dévouée ; vous avez été l'esclave de votre devoir, et si j'osais vous faire un reproche, je dirais que vous avez été beaucoup trop l'esclave de votre devoir. Vous ne connaissiez pas assez ces ménagements de la sagesse, ces tempéraments de la prudence que devrait imposer la limite des forces humaines. Une fois engagé dans le sillon du devoir, vous versiez vos sueurs sans calculer, vous répandiez le sang de votre cœur avec une profusion qui a usé votre vie, et vous a enlevé à notre affection par une mort prématurée. Grand exemple du moins que vous laissez, en ce siècle de mollesse et d'énervation morale ! Il me semble que votre ombre, semblable à celle de la mère de saint Symphorien, restera sur les murailles du Séminaire, pour nous exciter au martyre du devoir, pour exhorter surtout les vaillants confrères qui continuent votre œuvre pour prêcher ce courage du sacrifice, qui consiste à accomplir avec une généreux exactitude les obligations de sa charge : *credita sibi officia diligenter observant* (1).

Je disais tout à l'heure que c'était une dernière parole jetée sur votre tombe ; je me suis trompé. Pendant de longues années et toujours, les enfants que vous avez formés parleront de vous ; pendant de longues années et toujours, les pierres elles-mêmes de ce Séminaire crieront très haut et prononceront avec amour et respect votre nom vénéré, *lapides clamabunt* (2). Il n'en est pas une qui n'ait été témoin de quelque acte de votre vie d'abnégation, et je suis sûr que si on les interrogeait, et qu'elles pussent répondre, on arriverait facilement à composer une belle et touchante histoire de vos vertus et de votre dévouement.

Mais je ne veux pas troubler plus longtemps votre modestie ; que vos cendres reposent en paix, sous les murs de ce beau jardin où nous avons fait ensemble de si délicieuses promenades ; que parfois ceux qui traverseront les mêmes allées envoient une larme de cœur et un regret vers le monument que vous a érigé le culte de l'affection et de la reconnaissance, et qu'ils reçoivent en échange le parfum d'un souvenir, qui soit une vivante prédication : *defunctus adhuc loquitur.* — Pour votre âme, Dieu s'est chargé de la récompense : nous en avons la douce confiance ; vous habitez maintenant ces régions sereines de l'immortalité, vers lesquelles votre noble cœur soupirait si souvent. Si un verre d'eau froide donné au nom de Jésus-Christ ne reste pas sans récompense, qu'elle doit être belle et brillante la couronne méritée par tous ces actes si fréquemment répétés, où vous avez donné tous les jours, non pas un verre d'eau froide, mais tout ce qu'il y avait de plus chaud dans la substance de votre cœur, ce qu'il y avait de meilleur, de plus affectueux, et aussi quelquefois de plus douloureusement et de plus généreusement arraché aux entrailles de votre âme !

(1) Esther, XVI, 5.
(2) Luc, XIX, 40.

Sur votre tombe, je voudrais graver ces paroles de saint Jérôme : ce serait à la fois votre plus bel éloge et le plus utile sermon pour les instituteurs de la jeunesse : *Non solum effusio sanguinis in confessione reputatur, sed devotæ quoque mentis servitus immaculata quotidianum martyrium est* (1). Je traduirais ainsi, avec la liberté qu'autorise la ressemblante application du texte, et j'espère que mon pieux et intelligent auditoire approuvera ma pensée : « Ce professeur bien-aimé est mort sur la brèche, en versant les sueurs de son travail et le sang de son âme ; il est mort victime de son zèle, de son dévouement à la science et à ses élèves : et c'est un genre de martyre souvent plus douloureux que l'autre, parce qu'il embrasse les longues années de toute une vie ; mais le ciel est au bout : là se trouvent le terme du sacrifice et la palme glorieuse réservée aux martyrs, *quotidianum martyrium est.* »

(1) Epist., 108, n° 31, t, I, p. 905.; édit. Migne.

ERRATA

—

Page 4, ligne 18, *au lieu de* si un éclat est nécessaire, *lisez* si un certain éclat est nécessaire.

Page 10, ligne 22, *au lieu de* pour votre âme, Dieu s'est chargé de la récompense, *lisez* pour votre âme, Dieu s'est chargé de la récompenser.

www.ingramcontent.com/pod-product-compliance
Lightning Source LLC
Chambersburg PA
CBHW062318070726
47596CB00009B/2331